Analyse d'œuvre

Rédigé par Christophe Van Staen

Sous la direction de Niels Thorez

L'Art de la guerre

de Sun Tzu

SUN TZU   **1**

L'ART DE LA GUERRE   **3**

LA VIE DE SUN TZU   **6**

Une paternité hypothétique
La légende de Sun Tzu

RÉSUMÉ DE *L'ART DE LA GUERRE*   **9**

Article I : les dispositions préalables
Article II : la conduite de la guerre
Article III : la stratégie offensive
Article IV : la préparation des troupes
Article V : la force
Article VI : forces et faiblesses
Article VII : les mouvements
Article VIII : les neuf variables
Article IX : les marches
Article X : le terrain
Article XI : les neuf sortes de terrains
Article XII : l'attaque par le feu
Article XIII : les espions

L'ŒUVRE EN CONTEXTE   **17**

Une Chine en guerre
Mutation des pratiques guerrières
Essor spirituel
L'Art de la guerre dans l'Histoire littéraire

ANALYSE DES THÉMATIQUES — 22

La figure du général

L'information préalable

L'environnement

La psychologie des troupes

L'approche « symptômale » du général

STYLE ET ÉCRITURE — 35

Les écueils de la traduction

Entre descriptions et prescriptions

Un style métaphorique

Un texte enrichi de commentaires

LA RÉCEPTION DE *L'ART DE LA GUERRE* — 42

Premiers lecteurs étrangers

La sinophilie française

L'Art de la guerre en Chine

Les *Treize Articles* aujourd'hui

BIBLIOGRAPHIE — 48

SUN TZU

- Né vers 544 av. J.-C.
- Mort vers 496 av. J.-C.
- **Son œuvre :**
  - *Les Treize Articles, ou L'Art de la guerre.*

Aujourd'hui succès de librairie, texte intemporel, *L'Art de la guerre* est (selon une tradition sujette à caution) rédigé au VIe siècle avant notre ère, par le général chinois Sun Tzu. Il forme depuis lors le premier grand texte de référence en matière de stratégie militaire. Relativement bref (il compte une grosse centaine de pages selon les éditions), ce traité conserve dans le monde entier le prestige d'un classique dans lequel toutes les époques et générations confrontées à la guerre viennent puiser des réponses à leurs questionnements.

Sa sobriété, la clarté de son expression, la simplicité de son plan, son apparente accessibilité auprès du grand public et la sagesse mâtinée de taoïsme et d'exotisme qui s'en dégage, à l'heure où la Chine et sa culture millénaire retrouvent leur pleine envergure et leur visibilité internationales, sont autant de garants de son universalité et de sa modernité, en dépit de sa grande antiquité.

Le texte n'en demeure pas moins l'œuvre d'un homme à la biographie hypothétique, ayant vécu il y a quelque 2 500 ans, dans une contrée et une culture bien lointaines, aussi différentes de ce qu'elles sont aujourd'hui, que des nôtres propres. À moins donc d'adopter à son égard une perspective borgésienne (d'après Jorge Luis Borges, écrivain argentin, 1899-1986) qui, en considérant l'histoire des lettres comme une galerie d'auteurs interchangeables ayant chacun à sa manière fourni une clef personnelle au même mystère obsessionnel, le ferait ainsi déborder de son siècle, et le féconderait, sa découverte devrait imposer au lecteur moderne une certaine prudence.

L'ART DE LA GUERRE

- **Genre :** traité de stratégie militaire.
- **Date de rédaction :** VIe siècle av. J.-C.
- **Édition de référence :** *L'Art de la guerre*, préface et introduction par Samuel B. Griffith, trad. de l'anglais par Francis Wang, Paris, Flammarion, 2008 [première édition : 1972].
- **Personnage principal :** Le général, figure autoritaire et paternaliste, endosse l'entière responsabilité de la victoire ou de la défaite. Pour l'emporter, il doit faire preuve de qualités stratégiques et humaines.
- **Thématiques principales :** stratégie et techniques militaires de la Chine ancienne, psychologie et manipulation des foules.

Le succès de *L'Art de la guerre*, qui ne se dément pas, s'explique aussi, outre son caractère universel et moderne, par la spécificité du texte, pris dans la vaste tradition de la littérature mondiale, qui nous conduit à le tenir pour un texte « original » (quoiqu'on hésite à le ranger dans cette catégorie esthétique, qui lui est bien postérieure).

La pratique de la guerre remonte à la nuit des temps et il va de soi que de nombreux ouvrages y sont consacrés : tantôt dans le registre historique (par exemple l'*Anabase* de Xénophon, au IVe siècle av. J.-C., ou *La Guerre des Gaules* du général romain Jules César, trois siècles plus tard) ; tantôt dans celui de la fiction historique ou de l'épopée (l'archétype en étant l'*Iliade* du poète grec Homère, au VIIIe siècle av. J.-C.) ;

tantôt encore dans celui, plus confidentiel, de la stratégie militaire. Ici, il ne s'agit plus de décrire le déroulement d'un conflit armé en particulier, que ce soit de manière réaliste ou mythologique, mais bien plutôt d'en dresser une véritable théorie, destinée à être, ensuite, mise en pratique : il s'agit d'évaluer l'ensemble des aspects et enjeux de la guerre que doit avoir en tête un chef militaire au moment d'engager son armée, afin de déterminer le plus précisément possible quelles sont les clefs de la victoire.

Parmi les plus célèbres représentants de ce dernier genre figurent le *De re militari* de Végèce (écrivain romain, IV-Ve siècles av. J.-C.), *L'Art de la guerre* de Nicolas Machiavel (homme politique et écrivain italien, 1469-1527), en 1520, ou encore le traité *De la guerre*, de Carl Von Clausewitz (général et théoricien militaire prussien, 1780-1831), en 1832-1834.

À la différence de ces ouvrages, qui tous lui sont postérieurs, ce qui frappe chez Sun Tzu, c'est la place non négligeable et résolument moderne qu'il ménage aux facteurs psychologiques pouvant conduire à la victoire, ou à la défaite. Nés d'un contexte historique spécifique et riches d'enseignements pratiques, les *Treize Articles* n'en manipulent pas moins des notions suffisamment générales pour être appliquées aux diverses formes que revêt la vaste problématique de la résolution de conflits à travers les siècles et les disciplines.

Il n'est donc pas surprenant que le traité de Sun Tzu forme pour Mao Zedong (homme politique chinois, 1893-1976) une véritable bible en matière de stratégie, qu'il soit encore enseigné de nos jours dans les académies militaires, ou qu'il

soit vu par nos contemporains comme un manuel de survie
à l'usage des candidats au monde des affaires...

- 5 -

LA VIE DE SUN TZU

UNE PATERNITÉ HYPOTHÉTIQUE

Sa haute ancienneté rend difficile l'attribution de *L'Art de la guerre* à un auteur précis, point disputé par des générations d'érudits. Bien des questions demeurent en effet sans réponse : le texte est-il bien contemporain de Sun Tzu (VIe siècle av. J.-C.), ou lui serait-il antérieur ? Sun Tzu lui-même, dont l'absence parmi les textes historiques de la période surprend, ne serait-il pas qu'une figure mythique construite par la postérité d'une œuvre devenue légendaire ? Si, en revanche, Sun Tzu est bel et bien un personnage historique, est-il pour autant l'auteur de ce traité, ou *L'Art de la guerre* n'est-il au contraire qu'une compilation rédigée ultérieurement, au fil des siècles, par ses différents disciples ?

Ceux qui cherchent à y répondre se heurtent à de nombreux obstacles, notamment parce que les indices compris dans le texte (les références à la société, à l'organisation militaire, à la technologie, le lexique utilisé, etc.) suggèrent différentes hypothèses de datation. Parmi les pistes abandonnées, il y a l'assimilation de Sun Tzu à Sun Bin, un autre stratège qui lui est presque contemporain (mort en 316 av. J.-C.), et qui est l'auteur, lui aussi, d'un *Art de la guerre*. Toutefois, ce dernier traité étant postérieur aux *Treize Articles*, avec lesquels il présente en outre de nombreuses divergences, cette idée doit être abandonnée.

Définir l'identité exacte de l'auteur est d'autant plus ardu que l'idée même d'originalité ou de paternité des œuvres est étrangère à la Chine de l'époque : de fait, il n'est pas rare qu'un auteur y garde l'anonymat et signe son œuvre du nom d'un personnage historique issu de la tradition, en vue d'en faire rejaillir la renommée et l'autorité sur son propre texte. Pour l'heure, il faut donc soit se borner à l'œuvre en elle-même et considérer l'identité de son auteur comme une question oiseuse – parce qu'insoluble –, soit accepter l'idée que Sun Tzu est un authentique personnage historique et qu'il est bien l'auteur des *Treize Articles*. Dans ce cas, il faut se contenter de la biographie – toute mêlée de légende –, qui est celle de Sun Tzu.

LA LÉGENDE DE SUN TZU

D'après les *Mémoires historiques* de Sima Qian (historien chinois, Ier siècle av. J.-C.), Sun Tzu (aussi connu sous le nom de Sun Zi, Souen Tseu ou Sun-Tsee) serait donc un général du roi He Lu, seigneur de l'État de Wu – situé à l'extrémité est de la Chine (l'actuelle région de Shanghai) –, à la charnière entre l'époque des « Printemps et Automnes » (VIIIe-VIe siècles av. J.-C.) et celle des « Royaumes combattants » (V^e-IIIe siècle av. J.-C.).

Né selon différentes sources dans ce même État, ou dans l'État plus septentrional du Qi, Sun Tzu serait entré au service du roi He Lu en tant que stratège militaire, à la fin du VIe siècle avant notre ère et à la suite d'une audience que lui aurait accordée le souverain en raison de la renommée de ses *Treize Articles*. Cette audience, dont on peut mettre en doute l'historicité, est l'un des rares épisodes nous renseignant sur le tempérament de Sun Tzu : sommé par

He Lu de faire la démonstration de ses qualités de stratège, il répartit pour l'exemple ses 180 concubines en deux bataillons, chacun étant dirigé par l'une des favorites du roi. Lorsque celles-ci, en réaction à ses instructions, se mettent à glousser de manière inopportune, Sun Tzu ordonne leur exécution. Menée à son terme malgré les protestations du roi, celle-ci sert de mise en garde aux autres concubines qui, dès lors, obéissent à la moindre injonction.

Ainsi, Sun Tzu donne-t-il au roi He Lu une illustration de sa théorie militaire : d'une part, sa démonstration souligne l'importance de la discipline et de la qualité des officiers ; de l'autre, elle instaure la victoire comme enjeu supérieur, auquel il faut tout sacrifier, y compris l'obéissance aux ordres du roi, si ceux-ci s'avèrent contraires à sa poursuite. Impressionné, He Lu s'adjoint les services de Sun Tzu, clef de sa victoire lors de la bataille de Boju (506 av. J.-C.), malgré l'écrasante supériorité numérique de l'ennemi (en l'occurrence l'État de Chu, dont le Wu n'est alors qu'un minuscule territoire).

Certaines sources rapportent ces événements dans un ordre chronologique distinct : selon elles, c'est au contraire cette victoire qui donne au roi la preuve de la validité des théories militaires du général, ensuite consignées dans *L'Art de la guerre*. Il faut encore noter, toutefois, qu'une autre source historique relatant cette fameuse bataille de Boju, le Zuo Zhuan (écrit entre le IIe siècle av. J.-C. et le Ier siècle apr. J.-C.), ne mentionne pas Sun Tzu, ce qui a de quoi surprendre, si celui-ci en est bel et bien le protagoniste...

RÉSUMÉ DE *L'ART DE LA GUERRE*

L'Art de la guerre se divise en treize articles traitant des notions essentielles que doit avoir à l'esprit un général au moment de mener ses troupes à la guerre.

ARTICLE I : LES DISPOSITIONS PRÉALABLES

Cet article insiste sur l'importance du sujet traité et en justifie l'étude approfondie. Ensuite, il évoque cinq facteurs déterminants, dont la maîtrise constitue une condition préalable à toute victoire :

- l'influence morale, c'est-à-dire l'harmonie entre les dirigeants et leurs peuples ;
- les conditions météorologiques, les effets naturels du froid et de la chaleur ;
- le type de terrain sur lequel doit se livrer la bataille (distance, taille et nature du théâtre) ;
- l'autorité du commandement ;
- le Tao, à savoir la voie ou doctrine.

ARTICLE II : LA CONDUITE DE LA GUERRE

Cet article quantifie l'effort de guerre selon quatre perspectives complémentaires :

- le coût humain et matériel (vies, chars, chevaux, armes) ;
- le coût financier, y compris en termes de planification ;
- le temps investi dans la poursuite de la victoire ;
- les répercussions de la guerre sur l'économie des peuples.

L'article justifie ainsi l'intérêt qu'il y a à se nourrir sur l'ennemi, à le piller et à récupérer ses armes pour ensuite les retourner contre lui.

ARTICLE III : LA STRATÉGIE OFFENSIVE

Cet article établit la prééminence – dans l'art de la guerre – de l'intelligence sur l'exercice de la force et de la stratégie sur la bataille. En effet, le projet de la guerre n'est pas d'anéantir, mais de capturer l'ennemi et ses possessions. Durant le combat, l'ennemi réel est bien plus la stratégie adverse que les troupes qui la traduisent en actions. L'attaque armée ne doit être envisagée qu'en dernier recours, l'idéal étant de vaincre sans devoir combattre. Ainsi, l'arme la plus puissante du stratège est-elle la connaissance qu'il a de l'ennemi et de lui-même. L'ignorance conduit inéluctablement à la défaite.

ARTICLE IV : LA PRÉPARATION DES TROUPES

Cet article rappelle que seule une bonne préparation peut conduire à la victoire : il s'agit d'être prêt, c'est-à-dire, très précisément, d'être en mesure de saisir l'occasion donnée par la faiblesse du camp adverse. C'est donc bien l'ennemi qui offre la victoire au belligérant, dont le mérite n'est pas de vaincre, mais de s'être préparé à en saisir l'opportunité, tout en veillant à ne pas offrir une occasion semblable à son ennemi par sa propre faiblesse. Les jeux sont donc faits d'avance : l'issue de la bataille n'est que le résultat prévisible du degré de préparation de chaque camp.

ARTICLE V : LA FORCE

Cet article distingue deux types de forces au sein des troupes :

- d'une part, la force intrinsèque de la troupe, qui recouvre l'énergie qu'elle est capable de déployer au combat ;
- d'autre part, la force extrinsèque, qui recouvre l'usage particulier et circonstanciel de la force, lequel dépend de la variété infinie de situations possibles.

Le premier type de force doit servir à l'assaut ; le second seul permet de remporter la victoire. Ces deux forces interagissent, selon des combinaisons infinies. Si la force de l'attaque est importante, son efficacité dépendra de la connaissance préalable des circonstances où elle va être menée. Aussi un général sûr de la force intrinsèque de ses troupes et informé avec précision de la situation peut-il aisément vaincre.

ARTICLE VI : FORCES ET FAIBLESSES

Conséquemment à l'article précédent, celui-ci insiste sur l'important avantage que constituent, dans une bataille, le choix et la première occupation du lieu de combat. S'y trouver et y attirer l'ennemi revient à épargner à ses troupes l'effort de devoir s'y rendre, et permet une préparation optimale tout en empêchant celle de l'ennemi, contraint d'évoluer en terrain inconnu.

ARTICLE VII : LES MOUVEMENTS

Sun Tzu décrit les mouvements des troupes comme autant de sources potentielles d'avantages et de dangers. Il dresse la liste des mouvements appropriés (en nombre restreint, efficaces, solidaires et unis) ou à éviter (l'abandon du camp, les marches trop longues ou inutiles, la concentration des troupes sur une cible unique). Ces mouvements doivent également tenir compte de la nature des territoires à traverser.

ARTICLE VIII : LES NEUF VARIABLES

Ces variables détaillent les circonstances conditionnant la force extrinsèque. Celles-ci sont liées aux types de terrains, aux routes que l'on emprunte, aux villes que l'on traverse, à l'action que l'on décide de poser ou de ne pas poser, à la déstabilisation de l'adversaire et aux décisions prises par le général, lesquelles dépendent de ses propres qualités.

ARTICLE IX : LES MARCHES

Cet article définit de manière pratique les attitudes et options appropriées à adopter par les troupes durant les marches, en fonction de l'environnement (terrains difficiles, en montagne, à proximité des fleuves, dans les marais, en terrain plat). Cette insistance sur le contexte s'accompagne de la formulation d'un principe plus général et essentiel : « Dans la guerre, le nombre seul ne procure aucun avantage. N'avancez pas en vous reposant exclusivement sur la puissance militaire. » (p. 211)

ARTICLE X : LE TERRAIN

Élément décisif de la victoire, le terrain varie selon six catégories :

- les terrains accessibles (et favorables, lorsqu'ils sont élevés) ;
- les terrains insidieux (et dangereux, car ils empêchent les retraites) ;
- les terrains indifférents, qui n'avantagent aucun camp ;
- les terrains resserrés, où il est possible de piéger l'ennemi ;
- les terrains accidentés, dont il convient d'occuper les positions les plus élevées et ensoleillées ;
- les terrains « distants » ou étendus, qui ne profitent à aucun camp, puisque toute attaque y est synonyme de vulnérabilité.

Cet article contient, en outre, des recommandations liées à la question de la subordination des troupes aux officiers et des officiers au général. Il formule aussi un autre principe important de *L'Art de la guerre* (faisant ainsi écho à l'anecdote des concubines du roi He Lu), à savoir que le général peut lui-même ignorer les ordres du souverain, à condition que son action lui garantisse la victoire ou le préserve de la défaite.

ARTICLE XI : LES NEUF SORTES DE TERRAINS

Ce long article donne une nouvelle typologie des terrains, établie cette fois selon leur fonction à l'égard des camps adverses au cours de l'affrontement.

Ils doivent être étudiés avec minutie par le général et sont au nombre de neuf :

- le terrain de dispersion, qui est le territoire propre de chaque camp, doit être préservé de tout combat, et l'armée doit s'y maintenir unie ;
- le terrain-frontière, situé aux bornes du territoire ennemi, auxquelles il convient de ne pas s'arrêter, tout en gardant les troupes reliées entre elles ;
- le terrain-clef, susceptible d'être avantageux pour les deux camps, et sur lequel il vaut mieux ne pas attaquer ;
- le terrain de communication, accessible aux deux camps et qui réclame la vigilance du général ;
- le terrain de convergence, circonscrit par d'autres États (auxquels il convient de s'allier), et dont il faut s'emparer en premier pour avoir l'avantage ;
- le terrain sérieux, situé en profondeur du territoire ennemi, qui nécessite de veiller à l'afflux de l'approvisionnement, mais dont la traversée est une étape cruciale vers la victoire ;
- le terrain difficile, qui correspond à ceux décrits dans l'article IX et commande aux troupes d'accélérer, tout en évitant les haltes ;
- le terrain encerclé, constitué de territoires exigus, tortueux et donc dangereux, qu'il convient d'éviter, mais où l'on peut tenter d'attirer l'ennemi en vue de le prendre au piège ;
- enfin, le terrain mortel, où l'espoir de vaincre étant devenu nul, il ne reste plus aux troupes qu'à se battre jusqu'à la mort. Paradoxalement, l'envoi des troupes sur ce dernier type de terrain est ce qui peut garantir la

victoire, à condition que les soldats soient unis autour de cet objectif final.

ARTICLE XII : L'ATTAQUE PAR LE FEU

Très bref, cet article décrit les cinq usages du feu dans les conflits armés : on peut en effet brûler l'ennemi, incendier son stock, son matériel, son arsenal ou encore utiliser des projectiles incendiaires, matériel qu'il convient d'avoir toujours sous la main, l'objectif étant d'allumer des incendies à distance, dans le camp ennemi.

ARTICLE XIII : LES ESPIONS

Ce dernier article est fondamental, puisqu'il érige le mensonge, la dissimulation et la tromperie en fondements de *L'Art de la guerre*. Dans les conflits longs et usants, le général ne doit pas hésiter à corrompre et espionner, en vue de s'informer sur l'ennemi. Car, comme maintes fois signalé précédemment, l'information préalable au combat est la véritable source de la victoire. Or cette information n'est pas obtenue par l'art divinatoire, mais bien auprès de certains hommes eux-mêmes bien renseignés : les espions, agents proches du général, que l'on peut répartir en cinq catégories : les agents indigènes (originaires du territoire de l'ennemi), les agents intérieurs (fonctionnaires au sein du camp adverse), les agents doubles, les agents « morts » (espions ennemis que l'on abreuve délibérément de fausses informations) et les agents volants (rapportant les informations du camp ennemi). Ces catégories ne s'excluent pas : un même individu peut passer de l'une à l'autre au cours de sa carrière ; il peut même faire partie de deux catégories à la fois. En cas de trahison, la sentence est cependant toujours la même : la mise à mort.

L'ŒUVRE EN CONTEXTE

On le comprend, les *Treize Articles* de Sun Tzu se prêtent particulièrement bien aux lectures modernes. Toutefois, ils n'en demeurent pas moins le fruit naturel d'une période déterminée de l'Histoire de Chine, celle dite des « Royaumes combattants ».

UNE CHINE EN GUERRE

Troublée, cette période voit divers États importants de la Chine (le Chi, le Chu, le Chin, le Wei, le Han et le Chao) se disputer la suprématie territoriale, les plus petits étant progressivement absorbés par les plus grands. C'est le contexte dans lequel se replacent l'anecdote de la démonstration livrée par Sun Tzu devant le roi He Lu et la bataille de Boju. L'on assiste dès lors à une multiplication des conflits armés, ainsi qu'à une augmentation des faits de violence et de la criminalité, les malfaiteurs saisissant l'opportunité de ce climat d'instabilité pour prospérer. C'est le temps de grands combats, livrés par de vastes armées, causant de colossales pertes humaines. Préoccupation désormais centrale, la guerre dévoile l'ampleur des destructions dont elle est capable et invite donc au développement d'une réflexion théorique sur les stratégies à adopter, afin de minimiser les dommages qu'infailliblement elle occasionne. Ainsi entrevoit-on aisément la principale raison d'être de *L'Art de la guerre*, texte dont la publicité diminuera d'ailleurs lorsque l'empire de Chine unifié se stabilisera, limitant dès lors et la taille, et le nombre des conflits.

Mais l'existence de ce texte trouve une autre justification. En effet, jusqu'à l'aube du Vᵉ siècle av. J.-C., la guerre suit en Chine une tradition très ancienne, offrant une codification détaillée des conflits, généralement respectée par les belligérants. Cette règle est à la fois d'ordre pratique et moral : elle définit, d'une part, un calendrier saisonnier délimitant les périodes où peuvent être engagés des combats ; de l'autre, elle fixe des bornes à ce qu'autorise la cruauté et instaure un code de conduite et d'honneur auquel se soumettent l'ensemble des acteurs. Ainsi sont dessinés, pour tout conflit armé, des contours raisonnables et des limites de légitimité auxquels tous, jusque-là, peuvent se fier.

Or le texte de Sun Tzu décrit une modification des règles du jeu, une mutation des pratiques guerrières : le calendrier des guerres saisonnières n'est plus pris en compte ; les conflits gagnent en durée et en taille, augmentant la profondeur de leur impact économique et social ; les progrès technologiques en matière d'armement (notamment l'utilisation de l'arbalète) conduisent à l'augmentation des victimes. La guerre se doit dès lors de revêtir une nette dimension intellectuelle, nourrie par l'information et l'évaluation, priorités du stratège qui vise à minimiser le coût matériel et humain de sa campagne. La ruse et la manipulation psychologique de l'ennemi deviennent les éléments centraux de son arsenal. Quoiqu'insuffisante en elle-même, c'est désormais la supériorité intellectuelle qui permet de faire la différence lors du conflit armé, raison pour laquelle le général doit impérativement, selon Sun Tzu, interdire les « pratiques superstitieuses », « oracles » et autres « présages de mauvais augure », susceptibles de parasiter la « connaissance » et le respect des « méthodes » dans l'accomplissement de « l'action » (p. 234).

ESSOR SPIRITUEL

Cette évolution elle-même n'est pas inattendue dans le contexte d'essor spirituel où naissent les *Treize Articles*. En effet, la période des « Royaumes combattants » est aussi celle où apparaissent différents courants de pensée fondateurs de la civilisation chinoise, organisés autour de deux grandes figures :

- Confucius (philosophe chinois, VIe-Ve siècle av. J.-C.), contemporain exact de Sun Tzu, qui aux conflits dont il est le témoin oppose une morale d'harmonie des relations humaines, fondée sur la tradition paternaliste et impériale ;
- Lao-Tseu (sage chinois, VIe siècle av. J-C.), père du taoïsme (l'enseignement du Tao, c'est-à-dire de la « Voie », du principe régulateur de l'univers), auquel le premier des *Treize Articles* fait référence, et dont l'un des principes, le *Wuwei* (le non-agir ou la passivité vertueuse) se trouve au cœur du texte de Sun Tzu.
  De fait, le stratège relègue l'action au statut d'ultime recours et fait se jouer la victoire bien avant que ne soit engagé le combat, auquel toutes les autres manœuvres antérieures (la négociation commerciale, l'évitement des conflits par l'argumentation, etc.) demeurent préférables.

Ce principe fondamental caractérise d'ailleurs encore aujourd'hui la politique étrangère de la Chine.

L'ART DE LA GUERRE DANS L'HISTOIRE LITTÉRAIRE

L'Histoire littéraire de la Chine garde le souvenir vivant de *L'Art de la guerre*, qui de tous les traités de stratégie militaire demeure le plus fameux. Il est néanmoins suivi, entre le IIIe et le Ier siècles avant notre ère, de la célèbre compilation du *Zhanguoce* – les « Stratagèmes des Royaumes combattants » –, qui décrit les intrigues, conspirations et stratégies diplomatiques diverses (et particulièrement retorses) ayant cours à l'époque de Sun Tzu.

L'Art de la guerre intègre également, au XIe siècle, la liste prestigieuse des *Sept Classiques militaires chinois* (avec d'autres traités, tels que *Les Six Enseignements secrets*, IVe-IIIe siècle av. J.-C., et *Les Méthodes du Sima-Fa*, IVe siècle av. J.-C.). Enfin, mais en 1941 seulement, sont publiés *Les 36 Stratagèmes*, traité de stratégie militaire dont la date de rédaction est inconnue – et dont l'origine pourrait donc bien être purement orale –, mais qui rappelle par certains aspects le traité de Sun Bin. Ce dernier ouvrage connaît un succès populaire considérable dans la Chine du président Mao, dès le début des années 1960.

Par la suite, *L'Art de la guerre* passe progressivement de la catégorie confidentielle des traités militaires à celle, bien plus lucrative, des ouvrages pratiques liés à la gestion des ressources humaines et au développement personnel, prix de l'incroyable popularité dont il jouit encore de nos jours, et dans toutes les langues. Promu héros national et figure historique majeure en Chine, Sun Tzu incarne ainsi malgré lui tous les paradoxes de sa transformation et de sa modernisation.

ANALYSE DES THÉMATIQUES

Outre l'institution de la stratégie militaire, dont le général se voit attribuer l'entière responsabilité, comme sujet sérieux, crucial dans la conduite des troupes, dans la poursuite de la victoire et partant digne d'étude, les *Treize Articles* de Sun Tzu offrent un frappant caractère de modernité. En effet, ils mettent l'accent sur trois données s'avérant essentielles lors de tout conflit armé et qui, tout naturellement, parlent encore à l'individu du XXe siècle : l'information préalable, l'environnement et l'importance de la psychologie des troupes (nous dirions aujourd'hui : de la dynamique des groupes).

LA FIGURE DU GÉNÉRAL

Parce qu'ils font peser tout l'enjeu de la victoire sur ses seules épaules (et en l'occurrence, sur l'équilibre de son seul jugement), les *Treize Articles* sont une ode à la gloire unique du général.

Une autorité paternaliste

L'Art de la guerre relègue les autres acteurs du conflit (les troupes, les officiers et le roi lui-même) au rang de simples témoins ou d'instruments utiles à la conduite de la stratégie que le général élabore : l'article X donne en effet à ce dernier tous les pouvoirs en matière de décision stratégique et l'autorise même à passer outre les ordres du souverain qu'il sert, si ces derniers s'avèrent contraires à la poursuite de la victoire. Le général ne craint pas de s'exposer à d'éventuelles sanctions par sa désobéissance, car il se met au service d'une cause supérieure, qu'il accepte d'incarner. À l'égard de l'État, il est donc perçu et décrit comme un père de famille bienveillant, capable de se sacrifier pour elle, et dont les décisions, si elles peuvent à l'occasion relever d'une logique inaccessible à ses fils, ont toujours pour finalité leur préservation.

Figure paternaliste, figure d'autorité, le général se doit de présenter, pour ne pas faillir à sa mission, un vaste catalogue de qualités. Celles-ci sont suggérées dans la seule anecdote qui nous soit parvenue de la vie de Sun Tzu, celle des concubines. Son traité, dressant le portrait du stratège par petites touches, a pour objectif principal d'inventorier ces aptitudes.

Des qualités stratégiques

Le général, endossant l'entière responsabilité de la victoire ou de la défaite, doit tout d'abord faire preuve de qualités stratégiques. Ainsi, il doit savoir quand engager le combat et quand l'éviter, selon le principe du *Wuwei* (passivité vertueuse). Cette décision dépend elle-même du degré de sa connaissance, de la qualité de son appréciation de la situation, ainsi que de la préparation de son armée.

À ce titre, il doit pouvoir faire confiance à ses troupes, ce qui implique de s'entourer d'officiers compétents. Il évite alors de parasiter leur travail, c'est-à-dire ce qui concerne le détail des affaires militaires, tant pour conserver sa stature et son autorité, que pour ne pas en freiner le bon fonctionnement. Les erreurs fatales d'appréciation que peut commettre un général consistent à se mêler du commandement sans en connaître les principes et, dès lors, à ordonner de mauvais mouvements à ses troupes (art. III).

Des qualités humaines

Le général doit en outre présenter une série de qualités humaines. Capable de fédérer ses troupes autour d'un même objectif (art. III), il sait s'attirer leur attachement (similaire à celui des enfants à l'égard de leur père) et les conduire à faire au besoin le sacrifice de leur vie pour la cause (art. X). Paradoxalement, il doit atteindre cet objectif en demeurant impénétrable : on ne doit jamais pouvoir sonder ses intentions ou ses plans ; des plans qu'il ne cesse d'ailleurs de changer. Seul le général doit savoir ce qui se passe sur un champ de bataille : il ne doit jamais trahir ses desseins, que ce soit face à ses troupes ou face à l'ennemi (art. XI), sa dissimulation étant un impératif lié à l'importance stratégique de l'information.

L'Art de la guerre dresse également la liste des qualités dangereuses (c'est-à-dire des défauts) que le général doit éviter, sous peine de mener son armée à la défaite inéluctable. Ce sont la témérité, la lâcheté, l'emportement, la susceptibilité et la compassion : toutes les émotions qui peuvent venir parasiter son jugement aux moments cruciaux de l'affrontement (art. V). Il doit, au contraire, leur opposer la prudence qui manque à l'ennemi (art. III) et rester impartial, serein, maître de lui, en toutes circonstances (art. XI).

La question du mérite

S'il rassemble ces qualités, le général pourra remporter la victoire sans combat ni destruction, limitant ainsi les pertes humaines et matérielles pour le plus grand bénéfice de l'État qu'il sert (art. III). Deux remarques doivent néanmoins être faites à propos de cette victoire : d'une part, le général victorieux reste confronté à ses devoirs moraux et aux impératifs stratégiques, puisqu'il doit se comporter avec humanité vis-à-vis des populations vaincues, afin de les rallier progressivement à sa cause (art. II) ; d'autre part, cette « victoire » du général n'en est pas une au sens où nous l'entendons ordinairement, dans la mesure où celui-ci n'en a pas le mérite. En effet, tout se joue d'avance, grâce à la préparation du conflit. L'issue du combat n'est que le résultat naturel de dispositions, d'environnements et de situations ; quiconque exerce son jugement adéquatement peut donc en tirer parti.

Aussi la victoire n'est-elle pas le fruit direct des qualités du général, mais bien celui d'une vérité que sa perspicacité est à même de percevoir, ou non. Le général ne fait que cristalliser une sanction qui, dans le cadre de la doctrine présentée par *L'Art de la guerre* et celui de son application, est inévitable. Il y a donc là une maïeutique de la victoire (la maïeutique est l'art de « faire accoucher », d'amener quelqu'un à formuler une connaissance qui préexiste, quoique d'abord obscure) que prend en charge le général, et qui s'apparente à celle pratiquée dans la Grèce antique par Socrate (philosophe grec, v. 470-399 av. J.-C.) à l'égard de l'âme.

L'INFORMATION PRÉALABLE

Si tout l'art de la guerre, selon Sun Tzu, repose entièrement sur celui de duper son adversaire, il n'en reste pas moins que cette duperie n'est possible que dans la mesure où toute une série d'autres conditions se trouvent remplies préalablement à l'engagement militaire. Or ces conditions dépendent toutes de l'information préalable dont on dispose, laquelle permet la préparation du conflit, qui en est toujours la phase principale. En effet, l'attaque en elle-même – à laquelle l'on associe spontanément l'idée de guerre – n'est en réalité que la conclusion d'une longue et mûre préparation. En outre, cette conclusion n'est qu'éventuelle, puisque l'attaque peut fort bien ne pas être nécessaire pour que la victoire soit remportée. Si l'on remonte des effets vers les causes, l'élément fondamental de la stratégie développée par Sun Tzu n'est donc rien d'autre que l'information. Celle-ci concerne différents sujets, tous d'égale importance :

- l'autorité morale du général, l'organisation de l'armée, sa force intrinsèque, sa discipline, le degré de son dévouement à la cause commune.
- les ressources matérielles disponibles et les conséquences matérielles prévisibles du conflit armé (entre autres sur l'économie de l'État).
- les circonstances (notamment l'environnement) dans lesquelles se dérouleront les déplacements et les affrontements.
- les forces, les faiblesses et les intentions de l'ennemi, sur lesquelles on se renseignera par l'observation, la corruption et l'espionnage.

- les techniques de combat disponibles et leur champ d'application. Parmi elles, on trouve les manœuvres ; la définition des cibles à privilégier ; les pièges et obstacles posés à la progression de l'ennemi ; l'approvisionnement continu des camps ; l'usage des gongs, tambours, drapeaux et étendards ; la célérité de l'attaque ; le positionnement par rapport à l'ennemi et au terrain ; l'embuscade ; l'organisation des régiments ; le pillage ; le combat rapproché ; l'usage des chevaux et des chars ; l'usage du feu.

Toute négligence en matière d'information préalable dérègle inévitablement les décisions prises en aval. La donnée ignorée ou négligée expose les troupes à la stratégie ennemie et entraîne enfin la défaite. Or, loin de notre époque où l'inflation de l'information confine à la saturation et aboutit souvent à l'abandon de sa recherche approfondie, l'information, du temps de Sun Tzu, n'est pas facile à obtenir. Dès lors, il convient de demeurer en permanence en état d'alerte, à l'affût du moindre signe susceptible de fournir le précieux renseignement qui peut conduire à la victoire.

L'importance accordée depuis les grands conflits du XXe siècle aux services de renseignement et, de nos jours, aux fuites d'informations liées au terrorisme, aux opérations financières occultes ou à la concurrence politique et économique des nations n'a donc rien d'une innovation, mais correspond à l'actualisation complexe et technologique de principes déjà énoncés par Sun Tzu, il y a près de 3 000 ans. Et la paranoïa si familière qui dérive de cette course à l'information est déjà bien perceptible à la lecture des *Treize*

Articles, qui prescrivent une loi du secret absolu, jusqu'à l'intérieur même de la hiérarchie militaire : le général, écrit le stratège chinois, « doit savoir maintenir ses officiers et ses hommes dans l'ignorance de ses plans. » (art. XI, p. 234)

L'ENVIRONNEMENT

Dans cette quête effrénée d'informations, Sun Tzu conseille entre autres au général d'être à l'écoute de son environnement, dans un souci non pas écologique ou esthétique, mais bien strictement instrumental : l'appréhension de l'environnement livre en effet de nombreuses données et permet l'exploitation de diverses techniques qui ménagent la possibilité de prendre le dessus sur l'ennemi. Loin de devoir se focaliser sur ce que l'ennemi entend laisser voir (et qui, dès lors, peut fort bien n'être que poudre aux yeux), il convient d'élargir la perspective et de prendre en compte le cadre, le contexte et la nature dans laquelle vont s'inscrire les combats. Cette attention spécifique peut avoir un rôle décisif dans plusieurs aspects du conflit :

- quant à la préservation de la force des troupes. Il convient d'attendre sur place, au repos et en parfaite condition pour mieux combattre un ennemi venant de loin, épuisé et affamé. Le choix du théâtre, de la localisation même de l'affrontement, est d'une importance capitale (art. VII).
- quant au positionnement à l'égard de l'ennemi. Une prise en compte systématique de l'environnement est nécessaire durant les marches. Selon la nature du terrain (montagnes, fleuves, marais, défilés, plaines), il s'agit de le faire tourner à son avantage, en veillant à laisser

l'ennemi en contrebas et à faire des rayons du soleil ses alliés (art. IX).

- quant à la connaissance de l'ennemi. Le général doit être attentif à tout élément significatif au sein de l'environnement, dans la mesure où celui-ci peut lui livrer d'importantes indications sur les mouvements du camp adverse. Par exemple, un vol d'oiseaux au-dessus du camp ennemi ou de la poussière que l'on voit s'élever dans les airs, à l'horizon, sont autant de sources d'information (art. IX).
- quant à l'usage de la force. Les circonstances définissent l'usage circonstanciel de la force, à savoir la force extrinsèque, qui est la plus importante. Désorganiser l'ennemi revient donc pour le général à mettre, pour ainsi dire, l'environnement à son service, en contraignant l'adversaire à évoluer dans les circonstances qui lui sont les plus défavorables (art. V).
- quant à l'usage des projectiles incendiaires. Celui-ci doit de toute évidence tenir compte du soleil et du vent pour s'avérer efficace (art. XII).

Ainsi l'environnement constitue-t-il, en plus des deux camps opposés, un authentique troisième belligérant, dont il convient de se faire un allié ; à défaut de quoi, il pourra se transformer en ennemi...

LA PSYCHOLOGIE DES TROUPES

Ce thème central se trouve traité selon deux perspectives complémentaires : d'une part, la gestion psychologique des troupes et, de l'autre, le grand art, c'est-à-dire le travail psychologique de l'ennemi.

La gestion psychologique des troupes

La victoire dépendant de la sagesse du général, son commandement doit respecter trois principes essentiels pour atteindre son objectif.

Tout d'abord, il convient de ménager les troupes, de garantir leur préparation et la préservation de leur aptitude physique et morale au combat. Il faut dès lors éviter les guerres trop longues, qui émoussent les volontés (art. II) ; limiter le nombre des mouvements pour économiser les soldats, ne pas les épuiser (art. VII) ; ne pas accabler l'armée de corvées inutiles, qui pourraient la démoraliser (art. XI).

Ensuite, le général doit gagner la confiance des troupes par l'exemplarité de sa conduite et la perfection de son art. Évitant les erreurs par sa pénétration, il conserve sa légitimité auprès de ses officiers (art. III). Ses ordres doivent toujours être justifiés, courtois et efficaces (art. IX) et, ainsi, son autorité morale est renforcée : dès lors, les soldats acceptent, parce qu'elles s'avèrent éclairées, que ses décisions mêlent la bienveillance à une grande fermeté quant à l'application des règles (art. X).

Alors seulement, le général peut fédérer les troupes et veiller à leur union autour d'un même objectif (art. III). Il peut les galvaniser, les rassembler autour d'un drapeau, créer un imaginaire collectif pour préserver leur moral et leur courage, sans lesquels elles peuvent devenir vulnérables et inaptes au combat (art. VII). L'essentiel, conclut le texte, est de toujours maintenir parmi les troupes « un même esprit » (art. XI).

Le travail psychologique de l'ennemi

Le moral de ses propres troupes étant ainsi renforcé, le général doit multiplier les efforts pour affaiblir celui des troupes ennemies. Et il y parvient en les trompant à l'aide de diverses techniques de mensonge et d'illusion. En effet, « tout l'art de la guerre est basé sur la duperie », laquelle consiste à donner à l'ennemi une conviction totalement opposée à la réalité des faits, par la feinte, par la dissimulation et par le jeu des apparences (art. I). Ce travail incessant de tromperie a pour objectif de ne jamais laisser l'ennemi en repos (art. I), de le diviser s'il est uni (art. I), mais aussi de le manipuler sur le plan psychologique, à des fins diverses.

C'est, par exemple, l'attirer vers un lieu de combat choisi pour lui être désavantageux, tout en lui donnant l'illusion qu'il lui sera favorable ; le surprendre par des attaques et retraites rapides, afin d'affaiblir son moral par des surprises et une mise en état d'alerte continu ; entamer son courage en l'empêchant de mener à bien ses propres opérations d'attaque et de défense ; l'endormir par les contradictions et le désordre apparents des troupes, et détourner son attention par des feintes et de faux indices ; empêcher sa préparation, le pousser à la faute et à trahir ses routines, ses forces et ses faiblesses (art. VI).

Il faut en somme lui en « imposer », c'est-à-dire lui donner l'illusion de sa supériorité (art. XI). Une autre technique consiste à plomber le moral de l'adversaire en s'emparant d'une chose qui lui est chère :

> « Qu'on me demande : "Comment puis-je venir à bout d'une

> armée ennemie bien ordonnée qui est sur le point de m'at-
> taquer ?" Je réponds : "Emparez-vous d'une chose à laquelle
> il tient et vous ferez de lui ce que vous voudrez." » (art. XI,
> p. 229-230)

Sun Tzu ne se lasse pas de le répéter : la guerre demeure basée sur la duperie. Même lorsque l'ennemi est découragé, déconcerté, cerné, et que l'opportunité de le vaincre se présente, il faut encore lui donner l'illusion qu'il lui reste une chance, afin d'éviter de sa part tout acte désespéré, qui peut être très coûteux en vies humaines (art. VII). L'art de Sun Tzu est celui de l'usure psychologique de l'ennemi par une constante désorientation (art. VIII).

L'information, une fois encore, peut s'avérer ici d'une grande utilité. Lors de la réception d'émissaires ennemis, il convient d'analyser leur discours, d'en sonder les non-dits ; de même, il s'agit de lire, dans les mouvements de l'adversaire, dans la posture physique de ses soldats, le moindre signe trahissant sa fatigue, sa soif, sa faim, sa désorganisation, son manque de hiérarchie, ses dissensions ou son désespoir (art. IX). L'information peut aussi être obtenue de manière plus directe, par le biais des espions, excellents outils de manipulation, de désinformation, voire de propagande (art. XIII).

À leur égard, la stratégie décrite par Sun Tzu est la suivante : il convient de repérer les espions ennemis et de les cor-rompre pour en faire des agents doubles. Ceux-ci peuvent ensuite recruter des agents indigènes et intérieurs. Des espions ennemis auxquels on a transmis de fausses infor-mations peuvent alors être envoyés auprès de l'ennemi pour le désinformer, avant de se convertir éventuellement en agent volant. Enfin, le vainqueur doit traiter les prisonniers avec magnanimité, ce de manière à les rallier bientôt à sa propre cause (art. XII).

L'APPROCHE « SYMPTÔMALE » DU GÉNÉRAL

À lire *L'Art de la guerre* à la lumière de la psychanalyse et de la critique littéraire moderne (celle, par exemple, de Jean Starobinski, théoricien suisse né en 1920), ces trois thématiques (information préalable, prise en compte de l'environnement et travail psychologique des troupes) caractérisent le même état d'écoute qui doit être celui du général. Ce dernier doit en effet prendre la posture d'un médecin au chevet de son patient et partager son attention entre le relevé des données objectives liées à la maladie et celui des signes subjectifs de la souffrance, qui témoignent de la manière dont cette maladie est vécue par celui qui souffre.

Cette approche, que la critique marxiste, elle aussi empreinte de l'influence de Sigmund Freud (fondateur de la psychanalyse, 1856-1939) – par exemple chez Louis Althusser (philosophe français, 1918-1990) –, nomme « symptômale », part du principe que ce qui est donné à voir, l'apparence, trahit toujours par quelque détail anodin le fond de son intention réelle, demeurée cachée. Ce symptôme répond, de manière discrète mais profonde, à la question que « ce qui est donné à voir » et celui qui regarde omettent sans cesse de poser.

Ainsi, Sun Tzu pressent, dans sa description des devoirs du général, l'importance d'une méthode de résolution (des

conflits, c'est-à-dire des stratégies cachées qui les pré-
cèdent) qui soit à la fois lecture et interprétation des signes.
Mais cette méthode est également poétique, au sens éty-
mologique de « créatrice » (de mythes, de fables, structurés
sous la forme de récits mensongers, quoique similaires à la
vérité), dans la mesure où le général ne se borne pas à lire
les signes émis par l'ennemi, mais en produit également :
en termes psychanalytiques, il est, lui aussi, un patient
dont les symptômes trahissent l'état. Mais idéalement, les
symptômes ici produits doivent l'être délibérément par ce
patient particulier, en vue de tromper et d'induire en erreur
celui qui, face à lui, tente de les déchiffrer. Aussi le général
dépeint par Sun Tzu est-il à la fois lecteur et producteur d'un
récit de guerre perpétuellement en cours de construction,
un vigilant analyste et un patient fourbe, conscient de l'effet
produit par ce qu'il laisse transparaître : « Ce qui est capital
dans les opérations militaires, c'est de faire croire que l'on
s'ajuste aux desseins de l'ennemi. » (art. XI, p. 238)

STYLE ET ÉCRITURE

Il est évidemment délicat d'évoquer le « style » de Sun Tzu dans les *Treize Articles*, étant donné l'incertitude qui plane sur la paternité de l'œuvre, et dans la mesure où le texte, tel qu'il nous est donné à lire, peut bien résulter d'un travail de compilation progressif, réalisé par différents auteurs au fil du temps. Toutefois, ce texte n'en présente pas moins une série de caractéristiques, certaines problématiques, qu'il n'est pas inintéressant de relever au moment de découvrir *L'Art de la guerre*.

LES ÉCUEILS DE LA TRADUCTION

Ainsi, il convient de souligner que le texte s'offre inévitablement au lecteur francophone sous la forme d'une traduction. Le chinois classique différant du chinois moderne, et le français différant à son tour considérablement du chinois – tant dans son lexique que dans les concepts qui s'y trouvent rattachés –, il est bien difficile de prétendre « lire » Sun Tzu comme ses contemporains l'ont lu. Une trop grande distance, temporelle, spatiale et culturelle, nous sépare de lui. Il en résulte, dans les traductions disponibles, un grand nombre de notes relatives à cet obstacle. Toutefois, si toutes les subtilités de l'original ne peuvent nous être pleinement transmises, il n'en reste pas moins que le texte, dans son intention et son schéma généraux, nous est accessible. Dès lors, il peut légitimement être soumis par le public occidental à un travail d'interprétation et d'appropriation des principes qu'il contient.

ENTRE DESCRIPTIONS ET PRESCRIPTIONS

L'Art de la guerre, nous l'avons dit, s'apparente à une poétique de la guerre, et cela d'autant plus que, conformément aux lois du genre tel qu'il est par exemple pratiqué par Aristote (philosophe grec, 384-322 av. J.-C.) dans la *Poétique* (v. 335 av. J.-C.), le traité de Sun Tzu consiste en un texte à la fois descriptif et prescriptif, livrant une casuistique guerrière exhaustive. En effet, il présente les caractéristiques de la guerre telle qu'il la voit menée de son temps et, suite à cette observation, formule des règles sur lesquelles doivent s'aligner les conflits à venir.

Comme bien souvent dans la tradition chinoise, les différents paragraphes des *Treize Articles* se présentent sous la forme d'un discours rapporté (« Sun Tzu a dit… »). Il en résulte un aspect péremptoire, catégorique, reflétant l'autorité du général dans sa rectitude morale et sa discipline, et dans toutes les autres qualités qu'il se doit d'avoir : sagesse, équité, humanité, courage, et sévérité (art. I, p. 120). Son ton est donc tantôt neutre, lorsqu'il s'agit de décrire (par exemple, les types de terrain), tantôt impérieux, lorsqu'il s'agit de prescrire une méthode : l'auteur semble alors s'arroger l'autorité du général idéal dont il fait le portrait. Il est vrai que la victoire n'étant pas une mince affaire dans un traité de stratégie militaire, il n'est pas illégitime d'insister avec une certaine rigueur sur les techniques utiles à sa poursuite. Et s'il est dans l'art de la guerre un exemple de la rigueur extrême du général, c'est bien la leçon de stratégie militaire donnée au roi He Lu à l'égard de ses concubines :

On le voit, une telle rigueur ne se perd guère en atermoiements.

UN STYLE MÉTAPHORIQUE

Le style, qui accumule les éléments les plus pragmatiques de l'organisation militaire et en dresse l'inventaire par de nombreuses énumérations contenant maintes redites, semble se détacher ici et là de l'aspect matériel des choses, pour se faire plus métaphorique.

Ainsi fleurissent les comparaisons poétiques : les circonstances extérieures, dont les combinaisons sont illimitées, sont comparées aux notes de musique, aux couleurs fondamentales et aux saveurs dont le nombre limité n'empêche pas le jeu, au gré d'infinies variations (art. V). L'armée bien ordonnée fait l'objet de comparaisons tantôt sexuelles – elle doit être d'abord timide comme une vierge, avant de s'engouffrer dans la moindre faille que lui présente l'ennemi (art. XI) –, tantôt animalières – elle est similaire au faucon brisant sa proie (art. V), puis pareille au serpent :

lorsqu'il est frappé en son centre, il attaque à la fois de la tête et de la queue. » (art. XI, p. 232)

Les troupes lancées contre l'ennemi sont comme une meule contre des œufs ; le bon stratège dispose de forces aussi « inépuisables que le flot des grands fleuves » (art. V) ; la guerre, « de même que l'eau », n'a pas de « forme stable » (art. VI) ; les campagnes doivent être rapides comme le vent, les progressions plus lentes, majestueuses comme la forêt ; les incursions et pillages dans les territoires vaincus sont comparés au feu ; l'immobilité des troupes, à celle des montagnes ; leurs mouvements, à la foudre crevant les nuages insondables (art. VII).

On le voit, il n'y a pas jusqu'à ces métaphores qui n'empruntent au règne animal, aux quatre éléments, ou à l'acte sexuel. Il s'agit donc de pures analogies, n'ayant pour toute visée poétique que l'évocation la plus vivante et la plus intelligible possible de réalités militaires autrement difficiles à exprimer. Elles nous en disent donc moins sur le talent poétique de l'auteur, que sur son respect du recours, traditionnel dans la poésie et la philosophie chinoises, aux images inspirées directement de la nature.

UN TEXTE ENRICHI DE COMMENTAIRES

Quant à la forme, ces prescriptions stratégiques s'apparentent à une série de treize articles plus ou moins longs, découpant la réalité de la guerre en autant d'aspects cruciaux. Ces articles sont eux-mêmes composés de brefs paragraphes ou de sentences souvent très synthétiques, dans l'esprit de celles de Confucius ou de la sagesse taoïste. Le texte de *L'Art de la guerre* est donc très court en lui-même. S'il compte une bonne centaine de pages (dans la présente édition), ce n'est qu'en raison de l'ajout ultérieur de très nombreux (et volontiers plus longs) commentaires reformulant ou explicitant, par des exemples concrets tirés de l'Histoire chinoise, les principes de Sun Tzu.

Ces commentateurs (ils sont une dizaine) appartiennent à des époques très différentes (comprises entre les IIe et XIIIe siècles de notre ère) et sont eux-mêmes stratèges, rois, ministres, poètes, académiciens ou historiens. Leur intervention sur le texte, quoiqu'en marge et clairement distincte des sentences prêtées à Sun Tzu, n'est pas indifférente, mais jette sur le traité une lumière subjective et interprétative. Il faut reconnaître qu'à force de concision, les points composant chacun des *Treize Articles* peuvent parfois devenir sibyllins, et qu'un éclairage additionnel est dès lors le bienvenu.

Cela explique qu'une même phrase puisse faire l'objet de plusieurs commentaires différents. C'est que, bien qu'elles fassent système, l'éparpillement de ces sentences invite à les voir comme autant de fragments détachables, de maximes assimilables comme telles, et donc applicables à toute situation antérieure, postérieure au texte, voire étrangère à son objet réel. Ainsi, des phrases détachées telles que « L'invincibilité réside dans la défense, les chances de victoire dans l'attaque » (art. IV, p. 152) sont de celles dont on pressent qu'elles sont susceptibles d'être appliquées, de nos jours, et par quiconque cherche une réponse à des questions relatives à tel choix ou à telle décision. Du reste – et c'est là un danger auquel sont exposés tous les grands traités, qu'ils soient politiques, militaires ou autres –, l'extraction de telle maxime de son contexte d'origine et de l'ensemble dont elle fait partie cohérente ne se fait pas sans prix. Son application imprudente à d'autres contextes, parfois lointains, voire étrangers à sa cible initiale, conduit en effet ordinairement à sa mésinterprétation, au malentendu. Elle est alors, pour mieux dire, galvaudée.

En conclusion, malgré la difficulté naturelle posée au lecteur occidental par un texte vieux de 2 500 ans et issu d'une tradition qui, souvent, lui est parfaitement étrangère, il n'en reste pas moins que ces quelques caractéristiques de structure, d'écriture et de style, ont sur lui un effet certain, qui explique en partie son succès. Le sentiment de distance généré par la traduction et l'antiquité du texte sont de nature à exciter la curiosité du lecteur moderne, tout en portant bien haut le prestige de Sun Tzu, un prestige encore renforcé par le ton tranchant et autoritaire de ses recommandations, et par les commentaires suscités par son texte au fil des siècles. La brièveté des sentences suggère que toute situation, même très complexe, peut trouver sa résolution dans une maxime simple et limpide ; elle enseigne aussi qu'il existe bien des repères utiles à la navigation dans un contexte d'extrême violence. Enfin, les métaphores utilisées ici et là, colorent le texte d'un vernis d'antique sagesse qui l'autorise tout en le rendant exotique.

On le voit, ce que le lecteur occidental, le profane, trouve dans les *Treize Articles*, ce sont les réponses d'un guide vénérable, respectable, venu d'ailleurs, correspondant à l'idée vague qu'il a de la tradition chinoise, aux questionnements qu'il rencontre dans la rudesse de sa routine professionnelle ou sociale, comme si la vie dans les sociétés occidentales et la conduite de leurs affaires s'apparentaient à autant de conflits et de guerres vécus au quotidien. Sun Tzu, à vrai dire loin de son VIe siècle av. J.-C. natal, devient, pour ce lecteur-là, un directeur de conscience désincarné et ôté de son contexte. Ce succès, dès lors, doit nous interroger nous, autant que la nature du texte. Car les époques et les cultures qui redécouvrent *L'Art de la guerre* y trouvent toujours, en partie, comme un miroir d'elles-mêmes.

LA RÉCEPTION DE *L'ART DE LA GUERRE*

PREMIERS LECTEURS ÉTRANGERS

Si les *Treize Articles* jouissent d'une extraordinaire popularité tout au long des 25 siècles de leur existence – et tout d'abord en Chine, où ils inspirent divers traités militaires ultérieurs, leur diffusion internationale est un phénomène bien plus récent. Parmi leurs premiers lecteurs étrangers, il y a les Japonais, aux alentours du IXe siècle de notre ère, date à laquelle *L'Art de la guerre* est introduit sur l'archipel par Kibi no Makibi (lettré japonais, 695-775). Il y constitue une référence importante pour l'élite et les stratèges nippons au Moyen Âge et y suscite bon nombre de commentaires, appropriations et interprétations, jusqu'au XXe siècle, et ce, y compris lors des grands conflits armés qui opposent alors le Japon aux puissances étrangères – sans que cette utilisation de *L'Art de la guerre*, d'ailleurs parfois légère, ne lui garantisse la victoire, loin de là.

LA SINOPHILIE FRANÇAISE

L'Occident ne découvre l'œuvre de Sun Tzu que bien plus tard, à la faveur de la sinophilie française des Lumières. Cette sinophilie découle de l'intérêt porté par le royaume de France, dès le XVIIe siècle, aux retombées techniques, économiques et religieuses que laissent entrevoir la Chine, son Histoire millénaire, le raffinement de ses arts, son vaste territoire et son énorme population. Les Jésuites y sont présents depuis deux siècles et ont dès lors développé de la Chine une connaissance d'une profondeur unique pour l'époque. Ils y convertissent autant qu'ils le peuvent les Chinois au christianisme et ramènent en France une série de témoignages qui documentent le lecteur curieux sur les réalités de cette contrée lointaine, notamment à travers les *Lettres édifiantes et curieuses*, écrites par quelques missionnaires. C'est à cette époque et au gré de cette mode, que le père jésuite Joseph-Marie Amiot (1718-1793), qui passe les cinquante dernières années de sa vie en Chine, traduit (assez librement) et publie le texte de Sun Tzu à Paris, chez Didot l'aîné, en 1772, sous le titre *Art militaire des Chinois, ou Recueil d'anciens traités sur la guerre.*

La lente dégradation des relations diplomatiques et commerciales entre la France et la Chine à la fin du siècle des Lumières, la dissolution de l'ordre des Jésuites et la fin de la Mission de Chine, ainsi que le remplacement, dans l'imaginaire occidental, de la Chine par l'Inde dans le rôle d'ailleurs absolu, ont fait insensiblement passer l'opinion européenne de sa sinophilie à une sinophobie tout aussi excessive. *L'Art de la guerre* ne fait pas exception à ce désamour, la traduction d'Amiot demeurant la seule disponible jusqu'à la charnière des XIXe et XXe siècles, date à laquelle sont entreprises des traductions russes, anglaises et allemandes.

L'ART DE LA GUERRE EN CHINE

La longue et riche Histoire de la Chine est ponctuée de tentatives épisodiques d'oblitération visant à effacer de la mémoire collective des pans entiers de sa tradition, depuis le terrible autodafé commis par l'empereur Shi Huang (259-210 av. J-C.) – épisode aussi connu sous le nom d'« Incendie des livres et enterrement des lettrés » – jusqu'à la reconversion des temples en fabriques, sous Mao. Entre le rejet radical d'une tradition jugée rétrograde et sa réappropriation fière et opiniâtre, la Chine n'a donc cessé d'osciller entre la mémoire et l'oubli.

Mais si les *Treize Articles* échappèrent à ces purges périodiques, leur étude approfondie et systématique ne se fit qu'à la faveur d'un édit promulgué par l'empereur Shenzong (1048-1085), les intégrant parmi les « classiques militaires » dont la lecture fut ensuite, et pour de bon, imposée aux futurs officiers impériaux. C'est ainsi que *L'Art de la guerre*, de l'époque de sa rédaction à nos jours, jouit d'une tradition continue. Les invasions mongoles (XIIIe siècle) et la conquête mandchoue (XVIIe siècle) ne furent guère de nature à bouleverser la tradition chinoise, les vainqueurs se convertissant aux coutumes et à la morale des vaincus : la Chine, dès lors, put perpétuer l'image d'une civilisation immobile, impavide, toujours identique à elle-même – image véhiculée par une immense littérature.

Cette stabilité et l'absence de conflit armé de grande ampleur furent peu favorables à l'efflorescence de commentaires voués à *L'Art de la guerre*. Le traité, sans pour autant être oublié, ne refit parler de lui que bien plus tard, après la révolution de 1911, qui précipita la chute de l'empire et vit des intellectuels tels que Lu Xun (écrivain chinois, 1881-1936) se prononcer contre l'immobilisme de la Chine. Par la suite, lors de la prise de pouvoir des communistes en 1949, Mao Zedong développa à l'égard du texte une attitude ambiguë et caractéristique, entre rejet de l'ancien et volonté de s'inscrire dans une tradition millénaire, qui le mena à s'inspirer des *Treize Articles* dans plusieurs ouvrages de stratégie militaire écrits durant la guerre sino-japonaise (1937-1945), comme *Les Problèmes stratégiques de la guerre révolutionnaire*, ou encore *De la guerre prolongée*. Après la disparition du président Mao en 1976, les principes de Sun Tzu servirent d'inspiration pour la conduite de la guerre psychologique telle qu'elle s'illustra, entre autres, lors de la guerre du Viet Nam (1955-1975).

De nos jours, *L'Art de la guerre* compte parmi les œuvres classiques officiellement revendiquées comme patrimoine de la République Populaire de Chine.

LES *TREIZE ARTICLES* AUJOURD'HUI

Enfin, les *Treize Articles* connaissent aujourd'hui un succès renouvelé grâce à leur adaptation (bien souvent outrée et réductionniste) à des registres de plus en plus exotiques et distants de l'art militaire : celui de l'économie (dans lequel ils se muent en véritable bible en matière de gestion et de stratégie d'entreprise, de négociations commerciales, d'analyse de compétitivité ou de gestion des ressources humaines), celui de la communication ou encore ceux, à tout le moins inattendus, du bien-être et du développement personnel. Dans ces derniers domaines, Sun Tzu n'est plus guère qu'une référence prestigieuse, un argument de vente jouissant de la vogue désormais globale de la Chine, mais hélas, totalement coupé de son contexte et de son message originels.

On peut le constater avec une certaine amertume : il s'en faut de beaucoup que la popularité d'un texte en garantisse la lecture digne et éclairée.

BIBLIOGRAPHIE

SOURCES BIBLIOGRAPHIQUES

- SUN TZU, *L'Art de la guerre*, préface et introduction par Samuel B. Griffith, trad. de l'anglais par Francis Wang, Paris, Flammarion, 2008 [première édition : 1972].
- SUN TZU, *L'Art de la guerre*, trad. du chinois et commenté par Jean Lévi, Paris, Fayard/Pluriel, 2015.
- SUN TZU, *L'Art de la guerre*, trad. par Joseph-Marie Amiot, Paris, Didot, 1772, consulté le 26 novembre 2016. http://www.chineancienne.fr/traductions/ art-militaire-des-chinois-trad-amiot

SOURCES COMPLÉMENTAIRES

- BEVIN (Alexandre), *Sun Tzu ou l'art de gagner des batailles*, Paris, Tallandier, 2012.
- FAYARD (Pierre), *Comprendre et appliquer Sun Tzu. La pensée stratégique chinoise : une philosophie en action*, Paris, Dunod, 2004.

Éditeur responsable : Lemaitre Publishing
Avenue de la Couronne 382 | BE-1050 Bruxelles
info@lemaitre-editions.com

ISBN ebook : 978-2-8062-6893-8
ISBN papier : 978-2-8062-6894-5
Dépôt légal : D/2017/12603/49
Couverture : © Lisiane Detaille.